Weil ich ein Mädchen bin

Wahre Geschichten über das große Glück, ein Mädchen zu sein

Mutmachgeschichten für Mädchen Teil 1

Lidia Lins

Alle Ratschläge in diesem Buch wurden vom Autor und vom Verlag sorgfältig erwogen und geprüft. Eine Garantie kann dennoch nicht übernommen werden. Eine Haftung des Autors beziehungsweise des Verlags für jegliche Personen-, Sach- und Vermögensschäden ist daher ausgeschlossen.

Weil ich ein Mädchen bin

Copyright © 2020

Alle Rechte, insbesondere das Recht der Vervielfältigung und Verbreitung der Übersetzung, vorbehalten. Kein Teil des Werkes darf in irgendeiner Form (durch Fotokopie, Mikrofilm oder ein anderes Verfahren) ohne schriftliche Genehmigung des Verlages reproduziert oder unter Verwendung elektronischer Systeme gespeichert, verarbeitet, vervielfältigt oder verbreitet werden.

Auflage 2020

Was dich auch interessieren könnte

Weil ich ein Mädchen bin
Jetzt erst recht! (Teil 2)

Weil ich ein Mädchen bin
Aller guten Dinge sind drei! (Teil 3)

Suche hierfür nach Lidia Lins auf Amazon

Einfach Lidia Lins in die Suchmaske eingeben

Über die Autorin

Lidia Lins ist nicht nur Autorin, um Wissen zu vermitteln – Sie ist mit ganzem Herzen dabei. Die 25-Jährige Marketing Designerin hat nach ihrem Studium schnell gemerkt, worauf sie sich konzentrieren muss, um ihre innere Mitte zu finden und einen entstressten Lebensstil zu führen. Mittlerweile gehört Meditation zu ihrem täglichen Leben, fest integriert in den stressigen Alltag und das hektische Leben ihrer Heimatstadt Frankfurt. Die Gelassenheit, die für sie alltäglich ist, basiert auf vielen Büchern, Erfahrungen und einem offenen Geist für Neues. Gerade dieser ist wichtig, um ständig weiter zu lernen und sich immer Neuem zu widmen und sich nach und nach zu öffnen und kennen zu lernen.

Lidia erklärt auf eine sehr persönliche Weise ihren Bezug zur Spiritualität, den Glauben an das, was nicht sofort ersichtlich ist und mit Liebe durch die Welt zu gehen. Noch heute ist sie dabei, alles an neuem Input aufzunehmen und stetig an das Gute im Menschen zu appellieren!

INHALT

Ein erstes Hallo! 1

Was bist du? Elefant oder Hummel? 5

Zeigst du dich? 17

Und wer ist an deiner Seite? 28

Träumer oder Realist? 40

Muss es denn erst knallen? 52

Angstkläffer? 64

Und – Schluss! 76

WEIL ICH EIN MÄDCHEN BIN

Schön, dass du da bist!

Ein erstes Hallo!

D a wir jetzt ein wenig mehr Zeit miteinander verbringen werden, möchten wir uns als Erstes einmal vorstellen. Wir sind Elli, Frederike, Maike, Hanna, Lara und Vara und wir haben schon so einiges miteinander erlebt. Wir alle haben ganz eigene Stärken und Schwächen, die uns einzigartig machen. Aber jede von uns kennt diesen einen Satz: „Das schaffst du nicht.

„Du bist doch **nur ein Mädchen**!" oder auch „Wie stellst du dir das vor? Das ist **Männersache**!". Aber ganz egal, was wir uns vorgenommen haben – wir haben es dann auch gemacht.

Sicherlich brauchten wir manchmal Hilfe und manchmal mussten wir auch andere Wege nehmen als die, die wir eigentlich geplant hatten. Manchmal mussten wir sogar unser Ziel ein bisschen anpassen. Aber wir haben **niemals aufgegeben, ohne unser Bestes versucht zu haben**! Und dann hat jede von uns einen weiteren Satz auch wieder ziemlich oft gehört: „Ich hätte nicht gedacht, dass du das tatsächlich schaffst. Und das, **obwohl du ein Mädchen bist**." Am Anfang haben wir das immer noch angehört und uns im Stillen darüber geärgert. Aber das tut zwischenzeitlich keiner mehr von uns. Wann immer wir einen dieser Sätze hören, antworten wir einfach nur: **„Ich habe es nicht geschafft, OBWOHL ich ein Mädchen bin. Ich habe es geschafft, WEIL ich ein Mädchen bin."**

WEIL ICH EIN MÄDCHEN BIN

Und genau darin liegt der Unterschied, von dem wir hoffen, dass auch du ihn begreifen wirst. Und, indem wir einige unserer Geschichten aufgeschrieben haben, möchten wir dir diesen Weg erleichtern. Wir sind nicht weniger Wert, weil wir Mädchen sind. Wir sind auch nicht schwächer. Und keineswegs müssen wir uns in Rollen drängen lassen, die manche uns noch immer vorgeben möchten.

Da kennst du bestimmt den Satz, an den sich vielleicht deine Großeltern noch sehr gut erinnern: „Eine Frau gehört an den Herd!" Das hat man nämlich ziemlich oft gesagt. Aber auch, wenn das heute nicht mehr so streng gesehen wird, ist es für viele häufig selbstverständlich, dass Mädchen mit Puppen und Jungen mit Autos spielen sollten.

Oder, dass ein Mädchen sich immer fein zeigen muss, ein Junge jedoch ein Raufbold sein darf.

Wie merkwürdig schauen die Menschen, wenn eine Mama ihrem Sohn die Fingernägel lackiert hat – so wie es bei Mädchen beim Spielen auch manchmal gemacht wird. Oder aber, wenn eine junge Frau sich für eine Ausbildung bewirbt, in der sie lernen möchte, Häuser zu bauen oder Straßen zu reparieren.

Wir könnten mit vielen, vielen Beispielen weitermachen. Aber das möchten wir gar nicht. Wir möchten dir jetzt einige Geschichten aus unseren Leben erzählen. Und wir möchten, dass du dabei deine ganz eigenen Stärken kennenlernst, den Mut findest, zu dir selbst zu stehen und lernst, achtsam mit deiner Umgebung, aber vor allem auch mit dir selbst umzugehen.

Denn du bist ein einzigartiges, ein wundervolles und ein ganz besonderes Mädchen, das stolz auf sich sein sollte!
Bei Allem, was du tust!

WEIL ICH EIN MÄDCHEN BIN

Sei die Hummel!

Was bist du? Elefant oder Hummel?

Mit Mut und Motivation kann man alles erreichen!

Elli: „Bist du manchmal in einem Zirkus? Wenn ja, hast du vielleicht schon einmal einen Elefanten gesehen, der mit einer Kette an einem kleinen Pfahl festgebunden ist. Kommt dir das gar nicht merkwürdig vor? Ein riesiger Elefant, der an einem winzigen Pfahl festgebunden ist und einfach nicht versucht, sich zu befreien.

‚Er wird sich ganz bestimmt so wohlfühlen, dass er gar nicht weg möchte‘, das könntest du jetzt vielleicht denken.

Aber ich versichere dir, dass das nicht der Grund ist, denn auch, wenn gerade Kinder häufig großen Spaß am Zirkus haben, haben es die Tiere dort in der Regel nicht.

Die vielen Reisen in viel zu engen Käfigen, die harte Dressur — all das ist etwas, was Tiere häufig im Zirkus erdulden müssen. Also befinden wir uns mit unserer Frage wieder am Anfang. Warum befreit sich ein großer, starker Elefant nicht von einem kleinen Pfahl, der für ihn ein Kinderspiel wäre? Die Antwort ist einfacher als man denkt: Weil er es nicht versucht.

*Bereits als Babyelefant werden sie an einen Pfahl gebunden. Der erscheint ihnen natürlich dann riesig und egal, welche Kraft sie aufbringen, sie haben keine Chance. Kein Babyelefant kann den Pfahl aus dem Boden herausreißen. Vielleicht fragst du dich, warum ich dir diese Geschichte erzähle? Ganz einfach. Ich bin die **Elli** und, um meine eigene Geschichte besser zu verstehen, sollst du das traurige Schicksal eines Zirkuselefanten besser kennenlernen. Wir sind also dort stehengeblieben, dass ein Babyelefant den Pfahl nicht herausreißen kann.*

WEIL ICH EIN MÄDCHEN BIN

Und dann macht er den größten Fehler seines Lebens. Er versucht es nie wieder! Dass er als großer Elefant viel mehr Kraft hat und sich ohne Probleme befreien könnte, weiß er nicht und er wird es auch niemals feststellen. Denn er hat einfach aufgegeben. Und genau diesen Fehler werde ich niemals wieder machen. "

Kurz bevor Elli auf die weiterführende Schule gekommen ist, ist für sie fast eine Welt zusammengebrochen. Ihre besten Freundinnen Frederike, Maike, Hanna, Lara und Vara haben nämlich alle eine Empfehlung für die Realschule bekommen. Da Elli jedoch größere Schwierigkeiten hatte sowohl in Mathe als auch in Deutsch, hat sie die Empfehlung für die Hauptschule bekommen. Sie hat ihre Eltern angefleht, es trotzdem auf der Realschule probieren zu dürfen, aber diese haben ihr den Versuch nicht erlaubt. „Es wäre im Moment einfach zu schwer, Elli", hat Mama ihre weinende Tochter getröstet. Ellis Eltern haben es keinesfalls böse gemeint, sie hätten ihr ihren Wunsch mit großer Freude erfüllt. Aber sie wussten auch, dass sie sie beschützen müssen.

Denn auf der Realschule gibt es nun einmal noch andere Anforderungen als auf der Hauptschule. Und sie wollten keineswegs, dass Elli nach kurzer Zeit so überfordert ist, dass sie dann doch die Hauptschule besuchen müsste. „Wir können versuchen, dass du ganz viel aufholst.

WEIL ICH EIN MÄDCHEN BIN

Und wenn das gut klappt, kannst du dich noch einmal testen lassen. Vielleicht kannst du dann zur Realschule wechseln.", hat Mama weiter versucht, sie zu trösten. Aber dennoch hat sich dieser Weg für Elli vollkommen falsch angefühlt.

In einem Gespräch mit ihren Freundinnen hat sie immer wieder gefragt: „Bin ich weniger klug als ihr?" Aber das konnte einfach niemand bestätigen. Elli hat nämlich schon immer viele Lösungen viel schneller gefunden als ihre Freundinnen. Als sie alle noch jünger waren und im kleinen Fluss um die Ecke Wettrennen mit selbstgebauten Papierbooten gemacht haben, hatte niemand gegen Elli eine Chance. Ganz einfach, weil sie besser verstanden hat, wie das Papierboot im Wasser schneller vorankommt. Und auch später, wenn die Mädchentruppe zusammen ohne die Eltern unterwegs war, hätte sie sich niemals verlaufen. Ihre Orientierung war schon immer besser als die vieler Erwachsenen. Elli war schon immer ein kluges Mädchen. Aber Mathe und Deutsch wollten schlicht und einfach nie in ihren Kopf hinein.

Und so kam es, dass Elli und ihre Freundinnen ab der fünften Klasse zum ersten Mal seit langer Zeit voneinander getrennt waren. „Aber das wird nicht lange so sein!", hat Elli sich immer und immer wieder gesagt.

In der Schule hat sie sogar in den Pausen gearbeitet, damit sie zuhause nur noch wenig Hausaufgaben erarbeiten musste. Denn dort hatte sie ganz anderes zu tun. Nachmittags traf sie sich nämlich mit ihren Freundinnen und löste mit ihnen gemeinsam deren Hausaufgaben.

„Wenn ich die Schule wechsle, habe ich doch sonst zu viel verpasst.", hat sie ihren Eltern erklärt, als diese sie darauf ansprachen. Sicher kannst du dir vorstellen, was für eine schwere Zeit das für Elli gewesen ist. Denn neben ihrem eigenen Unterricht musste sie ja auch noch den Unterricht der Realschule verstehen. Der Vorteil hierbei war jedoch, dass ihr die Inhalte auf der Hauptschule sehr viel einfacher vorkamen. Vor allem, weil sie das meiste davon mit ihren Freundinnen nachmittags immer schon erarbeitet hatte, bevor es auf ihrer Schule überhaupt dran war. „Sind Sie sicher, dass Elli hier die richtige Schule besucht?" Das hat Ellis Klassenlehrer Herr Siebenmorgen ihre Eltern bereits im ersten Elterngespräch gefragt. „Abgesehen von Mathe und Deutsch ist sie nämlich überall die Klassenbeste." Und genau da lag auch weiterhin Ellis Problem.

Mathe und Deutsch konnte sie schlicht und einfach nicht aufholen. Hätten die anderen Fächer Priorität gehabt, dann hätte sie sofort auf die Realschule wechseln können. Aber diese beiden Fächer machten ihr einfach noch immer große Probleme. „Ich nehme an, Sie haben Elli bereits einmal auf Legasthenie oder Dyskalkulie testen lassen?", stellte Herr Siebenmorgen zum Abschluss des Elterngespräches die Frage, die Ellis Leben verändern sollte.

Vielleicht kennst du diese beiden Begriffe. Legasthenie ist eine Lese- und Rechtschreibschwäche und Dyskalkulie eine Rechenschwäche. In beiden Fällen können Betroffene schlicht und ergreifend sehr viel schwerer die Inhalte aus den Fächern Mathe oder Deutsch erlernen. Und weil sie durch diese Schwächen eben nichts dafürkönnen, kann es sein, dass sie im Zeugnis hierfür keine Noten bekommen. Es muss erst einmal gründlich getestet werden, ob eine solche Schwäche vorliegt und heute ist es bekannt, dass es diese Schwächen überhaupt gibt. Aber zu der Zeit, als Elli ein Kind war, wusste man davon eher wenig, sodass viele Kinder trotz Legasthenie oder Dyskalkulie bewertet wurden.

Natürlich waren Ellis Eltern erst einmal völlig perplex. Sie hatten zwar schon einmal am Rande davon gehört, aber sie hätten nie gedacht, dass Elli auch darunter leiden könnte. Und dann ging die Testphase los. Sowohl Ellis mathematische als auch ihre Lese- und Rechtschreibfähigkeit wurden gründlich geprüft. Und nach kurzer Zeit hatten sie dann auch endlich das Ergebnis. „Elli hat **keine** Lese-, Rechtschreibschwäche" Das hatte die Ärztin festgestellt. „Ihr liegt Deutsch einfach wirklich nicht. Aber eine tatsächliche Schwäche hat sie nicht."

WEIL ICH EIN MÄDCHEN BIN

Das war für Elli natürlich nur schwer zu ertragen. Denn hätte sie eine Schwäche gehabt, hätten ihre Noten nicht gewertet werden können und so hätte sie die Realschule besuchen können. „Bei Mathe sieht es allerdings anders aus. Da liegt ganz **eindeutig** eine Dyskalkulie vor". Zuerst hatte Elli überhaupt nicht verstanden, was das bedeutet. Erst als Mama und Papa sie glücklich in die Arme nahmen und es erklärten, konnte sie zu einem Jubelschrei ansetzen. „Die 5 in Deutsch behältst du natürlich auf dem Zeugnis. Aber deine 5 in Mathe wird dir gestrichen.", grinst Mama sie an. „Und damit hast du nur eine 5 auf deinem Zeugnis.

Und weil du bei allen anderen Fächern zwischen 1 und 2 stehst" Elli musste schon jetzt grinsen. „Ich darf auf die Realschule?", fragte sie und das Grinsen ihrer Eltern verrieten ihr die Antwort schon, bevor ihre Eltern das „Ja" ausgesprochen hatten.

Und so kam es, dass Elli schließlich doch noch auf die Realschule gekommen ist. Ihre Mathenote wurde ihre gesamte Schulzeit über nicht gewertet.

Zwar hat sie sich weiterhin bemüht, so viel wie möglich zu verstehen, aber mit ihrer Matheschwäche bleibt noch heute nicht besonders viel hängen, was mit Mathe zu tun hat. Auch in Deutsch ist sie keine Überfliegerin geworden, aber mit einer 4, die sie die weitere Schulzeit über immer begleitet hat, konnte sie gut leben. Aber niemals wird sie vergessen, was ihre neue Klassenlehrerin Frau Hildebrandt im ersten Elterngespräch gesagt hat. „Ich habe noch nie erlebt, dass jemand, der von der Hauptschule auf die Realschule gekommen ist, sich so schnell eingewöhnt hat. Es ist fast, als hätte sie die ganze Zeit über schon die Inhalte unserer Fächer mitgelernt."

Darüber konnten ihre Eltern natürlich nur lächeln.

WEIL ICH EIN MÄDCHEN BIN

Elli: „*Du erinnerst dich bestimmt an das Beispiel mit dem Elefanten, der aufgibt und deshalb niemals seine Stärke kennenlernen wird. Ich habe mich dagegen entschieden, ein Elefant zu sein. Ich wollte mit meinen Freundinnen auf die Realschule gehen. Ich wollte nicht nur die Schulzeit mit ihnen verbringen, sondern auch mir beweisen, dass ich nicht weniger klug bin als die anderen. Und deshalb habe ich mir ein sehr viel kleineres Tier als Vorbild ausgesucht – Die Hummel. Wissenschaftler wissen bis heute nicht, warum eine Hummel fliegt. Ja, du hast richtig gehört. Wir sehen jeden Sommer, wie die pummeligen Hummeln durch die Gegend fliegen. Dagegen kann wohl niemand etwas anderes behaupten. Und das, obwohl das überhaupt nicht geht. Für den Körperbau und das Gewicht sind die kleinen Flügel nämlich gar nicht geeignet. Eigentlich dürfte keine Hummel fliegen können. Warum sie es trotzdem tut, bleibt wohl für immer ihr Geheimnis.*

Natürlich gibt es Dinge, die nicht auf Anhieb funktionieren. Es gibt sogar solche, die überhaupt nie gelingen wollen. Aber sei kein Elefant! Gib nicht nach dem ersten Versuch auf, ohne dir später einmal eine neue Chance zu geben. Ich konnte nicht sofort auf die Schule gehen, die ich mir gewünscht habe. Ich musste mich erst einmal beweisen.

Hätte ich mein Schicksal jedoch einfach hingenommen und nicht gekämpft, dann hätte ich den Stoff der Realschule ja gar nicht mitgelernt, als ich noch die Hauptschule besucht habe.

Und wenn dann der Moment gekommen wäre, in dem gesagt wurde, dass ich endlich die Schule wechseln könnte, dann wäre es vielleicht zu spät gewesen. Ich weiß nicht, ob ich das Verpasste dann noch hätte aufholen können. Ist aber in meinem Fall auch irrelevant. Denn ich bin kein Elefant und das solltest du auch nicht sein. **Sei die Hummel!** *Denn nur, wenn du dir mehrere Versuche erlaubst, aus deinen Fehlern lernst und nicht einfach aufgibst, hast du die Chance, selbst scheinbar Unmögliches zu schaffen!"*

Zeige dich! Nutz all deine Kräfte. Glaub an dich,
du kannst alles sein!

Zeigst du dich?

Schüchternheit, Selbstvertrauen und eine wirklich gute
Freundin!

rederike: „Ich mochte es nie, wenn jemand gesagt hat:
‚Komm mal mehr aus dir heraus‘, ‚heb mal deine Schul-
tern‘, ‚Jetzt mach doch mal den Kopf hoch‘ oder ‚Sprich
mal ein bisschen lauter‘. Schon als Kind war ich immer mehr der
stille Typ. Und während ich in der Schule immer gute Noten im
Schriftlichen bekommen habe, wurden diese ein bisschen herunter-
gerissen, weil ich mich einfach nie gemeldet habe. Ich mochte es
einfach nicht, im Mittelpunkt zu stehen.

So geht es mir heute zwar noch immer, aber heute ist es doch etwas Anderes als früher. Denn heute brauche ich zwar weder die große Anerkennung noch viel Aufmerksamkeit, aber ich fühle mich damit auch nicht unwohl. Als Kind war das anders. Wann immer ich im Unterricht etwas sagen sollte, bin ich puterrot angelaufen und habe fast nur ein Flüstern herausbekommen. Da kam dann auch immer schon einer meiner verhassten Sätze: ‚Sprich mal ein bisschen lauter. Man versteht dich ja kaum.‘ Und auch die anderen drei Sätze musste ich mir immer öfter anhören. Kurz gesagt. Es war nicht nur so, dass ich nicht gerne im Mittelpunkt gestanden habe, ich wurde zusätzlich auch noch dafür kritisiert. Und das hat es natürlich nicht besser gemacht. Nur wenn ich mit meinen Freundinnen zusammen war, konnte ich mich offener zeigen. Denn bei ihnen habe ich mich rundum wohl gefühlt. Wie ich es trotzdem geschafft habe, selbstbewusster zu werden, erfahrt ihr jetzt.“

Frederike war nicht immer ein stilles, zurückhaltendes Wesen. Als sie ein ganz kleines Mädchen war, hat sie vor Freude laut aufgejubelt, wann immer sie draußen einen Schmetterling fliegen gesehen hatte.

WEIL ICH EIN MÄDCHEN BIN

Wenn ihre Eltern sie mit der Schaukel angeschubst haben, hat sie so laut geschrien, dass die ganze Nachbarschaft sie gehört haben muss. Und wenn sie und ihre Eltern sich im Sommer mit der Wasserpistole verfolgt haben, konnte sie sich vor Lachen überhaupt nicht mehr einkriegen.

Aber dann kam der Tag, der alles verändert hat. Als Frederike fünf Jahre alt war, wurde ihr kleiner Bruder Darius geboren. Du darfst das jetzt auf keinen Fall falsch verstehen, Frederike hatte sich die ganze Zeit so sehr auf ihren kleinen Bruder gefreut und sie liebte ihn vom ersten Tag an. Aber als Darius geboren wurde, war ihre ganze Familie aus dem Häuschen wie noch nie. „Endlich ein Junge!", war das erste, was ihre Tante ausrief, als sie ins Krankenzimmer kam, in dem gerade Mama, Papa, Darius und Frederike waren.

Es war nämlich so, dass Darius in der gesamten Familie der erste und einzige Junge war. Ansonsten hatte Frederike ausschließlich Cousinen. Und dass er damit einen ganz besonderen Stellenwert hatte, musste

Frederike immer wieder spüren. Wann immer es zu Familienfesten kam, wurde Darius überschüttet mit den tollsten Geschenken („Ich wollte SCHON IMMER MAL einen Cowboyanzug verschenken. Bei den Mädchen hätte das ja keinen Sinn ergeben!"). Aber damit, dass Frederike nur halbherzige Geschenke bekam, die sie kaum interessierten, hätte sie leben können, dass er jedoch immer die ganze Aufmerksamkeit bekam und für sie überhaupt niemand etwas übrig zu haben schien, war schwer.

„Immer heißt es nur ‚Darius hier, Darius da', hat sich Frederike in der Grundschule ihren Freundinnen anvertraut. „Seitdem er da ist, will mich eh keiner mehr. Wenn sich mal jemand an mich wendet, dann nur, um mir zu sagen, dass ich gerade sitzen soll, weil ich sonst einen Buckel bekomme. Oder dass ich doch auch mal wieder aus mir herauskommen soll. Immer kritisieren mich alle. Und Darius? Der ist jetzt drei Jahre alt, trägt noch Windel und Schnuller und alle halten ihn trotzdem für einen Superhelden."

WEIL ICH EIN MÄDCHEN BIN

Du siehst also, dass Frederike jetzt schon große Probleme mit sich hatte. Sie hatte das Gefühl, weniger wert zu sein als ihr Bruder. Und während sie sich in der Grundschule noch sehr darüber geärgert hat, verblasste die Wut nach und nach. Viel mehr nahm sie das Gefühl, weniger wert zu sein immer mehr für sich an. Und das ist auch der Grund dafür, dass sie es nicht mehr aushalten konnte, im Mittelpunkt zu stehen.

Sie hatte schlicht und einfach nicht mehr das Gefühl, dass das, was sie zu sagen hatte, wichtig genug sei. Wenn sie nicht bei ihren Freundinnen das Gefühl gehabt hätte, wichtig zu sein, dann hätte sie sich vermutlich nach und nach immer mehr in ihr Schneckenhaus zurückgezogen. Aber dazu sollte es zum Glück nicht kommen. Und zwar, weil **Elli**, von der ihr bereits ihre Geschichte gehört habt, ein Machtwort sprach.

An Frederikes vierzehnten Geburtstag haben sie und ihre Eltern das erste Mal beschlossen, mit der Verwandtschaft und Freunden gleichzeitig zu feiern. „Du wirst nur einmal in deinem Leben vierzehn!

Da wäre eine größere Party in unserem Gemeindehaus angebracht. Wie wäre es, wenn du auch einen eigenen DJ bekommst? Und dann könnten deine Verwandten die Party mitbezahlen, statt ein Geschenk mitzubringen." Eigentlich fand Frederike diese Idee nicht besonders gut, denn sie wusste ja, dass sie ziemlich im Mittelpunkt stehen würde. Und eigentlich hatte sie sich zu ihrem sechzehnten Geburtstag auch eher Geld wünschen wollen, um später den Führerschein zu finanzieren. Aber weil sie sowieso schon das Gefühl hatte, unnormal zu sein, wollte sie ihren Eltern diesen Wunsch nicht auch noch abschlagen.

Die Party begann entgegen Frederikes Erwartungen ziemlich lustig. Denn eine Stunde, bevor die Verwandten kamen, durfte Frederike ihre Freunde bereits empfangen. Natürlich stand sie erst einmal mehr im Mittelpunkt als sie es gewohnt war, weshalb sie schnell ziemlich rot im Gesicht war. Aber dennoch hatte sie viel Spaß, denn seit langer Zeit hatte sie mal wieder das Gefühl, gesehen zu werden. ,Vielleicht', dachte sie sich.

WEIL ICH EIN MÄDCHEN BIN

‚Vielleicht werde ich heute sogar mal mit meinen Freunden gemeinsam tanzen.' Sie wurde immer euphorischer. Und dann kamen ihre Verwandten.

Zwar schwächte die Röte in ihrem Gesicht zügig ab, weil sich plötzlich alles wieder nur um Darius drehte, aber dennoch fühlte Frederike sich plötzlich so verloren wie noch nie. Sie hatte keine Lust mehr mit ihren Freunden zu tanzen. Die Freude war vollkommen verflogen. Als ihre Tante Rebekka dann auch noch sagte, dass Frederike ja nicht einmal auf ihrer eigenen Party aus sich herauskommen würde, war ihre Stimmung völlig dahin.

„Als ich so alt war wie du, habe ich mich gründlich in Schale geschmissen. Man muss doch die potentiellen Ehemänner auf sich aufmerksam machen", hatte sie ihr zugezwinkert. Und dann hatte sie sich zu Darius gedreht und gesagt: „Ach, da ist ja mein kleiner Prinz. Meine Güte, wie groß du schon geworden bist. Deine Schwester könnte sich ruhig mal eine Scheibe von dir abschneiden." Rebekka wusste natürlich nicht, dass Elli ihre Kommentare mitbekommen hatte.

Aber dass alle mitbekamen, dass Darius von der gesamten Verwandtschaft seine Lieblingstorte mit einem Foto von ihm darauf bekam, brachte das Fass zum Überlaufen. „Wir wissen ja, dass du keine Erdbeertorte magst und dass deine Schwester sie sich trotzdem zum Geburtstag wünschen würde", zwinkerte Rebekka Frederike auch noch zu.

„Ich möchte eine Ankündigung machen!" rief Elli kurze Zeit später in das Mikrofon des DJ's. „Aber zuerst lasst uns gemeinsam ein Geburtstagslied singen!" Und dann stimmten alle Partygäste in das allseits bekannte „Happy Birthday" mit ein. Verwirrt schauten sie Elli jedoch an, die am Schluss inbrünstig ins Mikrofon schrie: „Happy Biiiiiirthday, lieber Darius, Happy Birthday to you!" Im Saal herrschte absolute Stille. Bis Elli erneut das Wort ergriff: „Ich wollte euch nur einmal testen. Ich weiß zwar nicht, ob ich die einzige hier war, aber ich hatte einfach das Gefühl, dass ihr alle denkt, ihr wärt auf der Geburtstagsfeier von Darius." Frederike wusste natürlich ganz genau, was jetzt kommen würde. Elli würde all das sagen, was sie sich nie getraut hätte.

WEIL ICH EIN MÄDCHEN BIN

Sie wurde roter denn je, aber sie war auch noch nie in ihrem Leben so stolz darauf, eine solche Freundin zu haben, wie heute.

„Ist euch eigentlich bewusst, was ihr hier macht? Ist irgendjemandem mal aufgefallen, dass Frederike sich kaum noch traut, sich zu zeigen, weil sie einfach nur ein Mädchen ist? Sie steht vollkommen im Schatten ihres eigenen Bruders, den sie doch eigentlich extrem liebt. Aber ihr macht diese Liebe kaputt, indem ihr Frederike immer wieder das Gefühl gebt, weniger wichtig zu sein." Gerade begannen einige Verwandte sich zu empören, als Elli auf die Torte zeigte, die Darius bekommen hatte. „Ihr habt ihm seine Lieblingstorte mitgebracht. Ihr habt ihm wunderbare Geschenke gemacht." Sie lächelte Darius an, der wusste, dass auch sie ihn wirklich gernhatte: „Das ist nichts gegen dich Darius. Du hast nichts falsch gemacht. Das waren die Erwachsenen hier im Raum." Lächelnd hob er seinen Daumen, um zu zeigen, dass er verstand. „Frederike ist heute vierzehn Jahre alt geworden. Um es mit den Worten ihrer Eltern zu sagen: ‚Das wird man nur ein einziges Mal im Leben.

' Sie hat von euch allen einen Umschlag bekommen mit einer Karte, in der sich Geld befindet. Ich bin mir sicher, dass kein einziger von euch sich darüber bewusst ist, dass sie das Geld niemals für eine Feier hätte haben wollen, bei der sie im Mittelpunkt steht. Dafür habt ihr sie einfach zu klein gemacht.

Und genau das kann sie dank eurer Ignoranz vergessen." Und mit diesen Worten, verbeugte sich Elli auf der Bühne, sahnte einen riesigen Applaus von den Freunden ab und erntete Sprachlosigkeit von Frederikes Verwandten. Sie stieg von der Bühne, nahm die knallrote Frederike in den Arm, fasste sie bei der Hand und verließ, mit den anderen Mädels im Schlepptau Frederikes eigene Geburtstagsparty.

Es wäre albern zu sagen, dass Frederike von diesem Tag an wieder selbstbewusster gewesen sei. Denn so war es nicht. Aber an diesem Tag hatte Elli für sie ein Pflänzchen gesät, welches nach und nach immer mehr wuchs. Ihre Verwandten konnten ihr eine Weile kaum noch unter die Augen treten und auch Frederikes Eltern

WEIL ICH EIN MÄDCHEN BIN

schämten sich, dass sie nie etwas gegen diese Ungerechtigkeit unternommen hatten. Aber Frederike war noch nie ein nachtragender Mensch gewesen. Sie war ganz einfach nur dankbar. Dankbar dafür, dass jemand die Aufgabe übernommen hatte, sie zu verteidigen, als sie selber dafür zu schwach war. Und dankbar dafür, dass sie sich endlich wieder trauen konnte, mehr von sich zu zeigen.

Frederike: „Ihr seht, dass es für mich kein leichter Weg war, mehr zu mir zu finden. Ich musste kämpfen und ich brauchte Hilfe. Aber das ist in Ordnung für mich. Denn ich weiß, dass ich es alleine einfach nicht geschafft hätte. Ich bin glücklich darüber, dass ich meine Freundinnen hatte und dass meine Eltern endlich zeigen konnten, wie wichtig ich ihnen war. Und jetzt lebe ich nach einem anderen Motto. In dem Film ‚Die Eiskönigin 2‘ singt eine der Hauptfiguren ein Lied. Und dort gibt es diese eine Zeile, die ich nun lebe: **Zeige dich! Nutz all deine Kräfte. Glaub an dich, du kannst alles sein!** *Und auch, wenn ich niemals der Mensch sein werde, der gerne im Mittelpunkt steht, habe ich dennoch gelernt, dass ich es wert bin, mich zu zeigen. Weil ich genauso, wie ich bin, richtig gut bin!"*

LIDIA LINS

"Vertraue dir selbst und all denen, die dich lie-ben!"

Und wer ist an deiner Seite?

Mit Stärke und Zusammenhalt das Leben meistern!

Vara: *„Hast du schon einmal etwas von der soge-nannten Jesusechse gehört? Natürlich heißt die nicht in Wirklichkeit so. Eigentlich nennt sie sich nämlich ‚Stirnlappenbasilisk'. Aber das ist ein langes Wort, was sich nicht jeder auf Anhieb merken kann. Ihren Namen Je-susechse verdient sie sich durch eine ganz spezielle Eigenschaft.*

WEIL ICH EIN MÄDCHEN BIN

Du hast bestimmt schon einmal gehört, dass Jesus der einzige Mensch war, der über das Wasser gehen konnte. Und genau das kann die Jesusechse auch. Vielleicht denkst du dir, dass das ja nichts Besonderes ist, weil ja auch Mücken auf dem Wasser sitzen können. Aber bei der Jesusechse ist das anders. Sie ist um ein Vielfaches schwerer und würde sofort untergehen, wenn sie stehenbliebe. Aber durch ihre völlig eigene Art zu rennen, indem sie ihre langen Füße weit ausschweifend und blitzschnell auf dem Wasser aufsetzt, sieht es aus, als würde sie übers Wasser fliegen.

Und ich bin mir ganz sicher, dass sie mit dieser merkwürdigen Eigenart ein absoluter Außenseiter in der Tierwelt wäre – wenn diese sich so merkwürdig verhalten würde, wie wir Menschen es tun.“

Hast du dir schon einmal Gedanken über das Thema Rassismus gemacht? Sicher hast du dieses Wort schon einmal gehört. Es bedeutet, dass jemand aufgrund einer anderen Herkunft, einer anderen Hautfarbe oder anderen Kulturen abgewertet wird. Und ganz genau so ist es auch Vara ergangen, als sie auf die Realschule gekommen ist. Varas Eltern kommen aus Syrien.

Das ist ein Land, welches weit von Deutschland entfernt ist. Aber dort herrscht schon seit vielen Jahren Krieg, sodass Varas Eltern von dort nach Deutschland geflohen sind, als Varas Mutter mit ihr schwanger wurde. Natürlich hatte sie einen ziemlich schwierigen Start ins Leben.

In einer Flüchtlingsunterkunft wurde sie geboren. Die Bedingungen dort waren nicht so, wie wir es aus Deutschland kennen. Ihre Familie lebte mit vielen, vielen anderen Flüchtlingen auf engem Raum zusam-men. Aber Varas Eltern wollten unbedingt, dass sie ein gutes Leben führen würde. Und deshalb taten sie alles, um aus der Unterkunft herauszukommen, um Vara ein schönes Leben bieten zu können. Sie gaben sich große Mühe, zügig deutsch zu lernen. Varas Papa fand schnell Arbeit. Zwar war er in Syrien eigentlich ein Architekt, aber sein Zeugnis reichte hier in Deutschland nicht aus. Er war sich dennoch nicht zu schade, auf den Bau zu gehen. Statt Häuser zu entwerfen, baute er sie nun Tag für Tag mit seiner eigenen Muskelkraft.

WEIL ICH EIN MÄDCHEN BIN

Weil ihre Eltern so hart arbeiteten, hat Vara von den anfänglichen Hürden nie etwas mitbekommen. Sie konnte, wie alle anderen Kinder auch, den Kindergarten besuchen, in welchem sie ihre besten Freundinnen kennenlernte. Und auch, wenn sie mit ihnen niemals alleine war und sich auch nie alleine gefühlt hat, musste sie doch ganz andere Erfahrungen machen.

Ihre Hautfarbe ist ein bisschen dunkler als die der Kinder, deren Eltern bereits aus Deutschland kommen. Auch ihre Haarfarbe ist schwarz. Aber damit hörten die Veränderungen zu anderen Kindern auch schon auf. Sie sprach genauso fließendes Deutsch, aß und trank dieselben Sachen. Sie trug die gleiche Kleidung. Es gab einfach nichts, was sie von den anderen Kindern unterschied. Aber dennoch wurde sie immer ein wenig mehr gemieden als die anderen. Und in der Realschule wurde es dann so richtig schlimm.

Ich bin mir sicher, dass du manchmal – wenn dein Mund etwas schneller ist als dein Gehirn – etwas Falsches sagst. Entweder verhaspelst du dich oder du benutzt versehentlich ein falsches Wort. Vielleicht verwechselst du sogar manchmal einen Artikel oder beugst das Verb falsch. Und manchmal rutscht dir vielleicht sogar das Wort „EINZIGSTE" raus, obwohl du doch ganz genau weißt, dass sich das „EINZIGE" nicht steigern lässt. Aber Schwamm drüber.

Solche Fehler passieren einfach jedem. Bei Vara war es jedoch anders. Wann immer sie aus Versehen einen Fehler gemacht hat, hieß es: „Das ist, weil sie Ausländerin ist!" Zuerst waren es nur Sprüche wie diese, ganz nebenbei am Rande bemerkt. Aber nach und nach häuften sich Dinge dieser Art. Vara wurde in den Pausen angerempelt, nicht doll, aber so, dass sie ins Schlingern kam. Das passierte selbstverständlich nur, wenn sie alleine war, denn es hätte sich wohl niemand getraut, wenn ihre Freundinnen bei ihr gewesen wären. Aber natürlich sorgte es dafür, dass Vara sich immer unwohler fühlte.

„Ich habe denen gar nichts getan", weinte Vara eines Abends bei ihrer Mutter, als sie in der Pause durch einen härteren Stoß sogar hingefallen war.

WEIL ICH EIN MÄDCHEN BIN

Aber Varas Mutter schaute sie nur mit festem Blick an. „Es gibt Schlimmeres", sagte sie. Sicher denkst du dir, dass das ganz schön herzlos war, aber so war es nicht. Denn Varas Mutter führte weiter aus: „Du bist sicher in diesem Land. Dein Leben ist beschützt. Das war bei deinem Vater und mir anders.

Wir mussten jeden Tag darum kämpfen, zu überleben." Varas Mutter streichelte ihr sanft die Wangen. „Das, was die Kinder da machen, ist schrecklich gemein, aber du darfst es dir nicht zu Herzen nehmen. Sie sind verunsichert, wenn etwas kommt, was sie so nicht kennen. Und sie versuchen, das zu überspielen, indem sie dich klein machen. Aber du bist nicht klein! Du bist ein starkes Mädchen, das für sich einstehen und kämpfen kann. Du weißt, was du wert bist und deshalb bist du stärker als alle, die dich ärgern wollen.

Du wirst dein Leben lang Menschen begegnen, die gegen dich kämpfen wollen. Und ganz egal, wie stark du bist, du wirst es nicht alleine schaffen. Nichts geht ohne Menschen, denen du vertraust.

Baue also immer auf genau zwei Dinge. Vertraue dir selbst und all denen, die dich lieben! " Und auch, wenn Vara sich tatsächlich darüber bewusst war, dass sie es wert ist, geliebt zu werden und dass keiner das Recht hat, sie zu mobben, musste sie eines Tages auf die Hilfe, derer, denen sie vertraute, zurückgreifen.

Sicher ist dir bewusst, dass das Internet sowohl seine guten, aber eben auch ganz schlechte Seiten hat. Zu den schlechten zählt ganz eindeutig das Thema „Mobbing". Denn vielen Menschen fällt es deutlich leichter, extrem böse Dinge im Internet zu schreiben, als sie tatsächlich laut zu sagen. Dabei geht es gar nicht unbedingt immer um Rassismus.

Menschen werden aus ganz unterschiedlichen Gründen gemobbt, zum Beispiel, wenn sie eine Brille tragen, dicker sind als andere, unsportlich, „zu schlecht" oder „zu gut" in der Schule, eine Behinderung haben oder einfach, weil sie sich anders kleiden als der Rest. Alles, was ein wenig „anders" ist, als das, was als gängig gilt, kann Grund für Mobbing sein.

WEIL ICH EIN MÄDCHEN BIN

Und bei Vara ist es eben die Tatsache, dass ihre Eltern aus Syrien stammen. „Die Zicke sollte zurückgehen, wo sie hergekommen ist!" Das ist nur einer der Kommentare, den Vara unter dem von einer Klassenkameradin geposteten Bild des Klassenfotos lesen musste. „Und die anderen lese ich dir gar nicht vor", sagte Vara nun doch wieder weinend zu ihrer Mutter, die mit dem Internet generell eher nicht viel anfangen konnte.

Natürlich wusste Varas Mutter, dass jetzt genau der Zeitpunkt gekommen war, an dem Vara Hilfe brauchte. Denn all das führte jetzt einfach zu weit. Vara machte Fotos von den fiesen Kommentaren und schickte diese auf das Smartphone ihrer Mutter. Diese vereinbarte unmittelbar einen Termin mit der Schulleitung, um das Thema ein für alle Mal zu klären.

Natürlich war die Schulleiterin Frau Hanken sauer auf die Entwicklung. „Traurig, dass so etwas immer und immer wieder passiert". Sie setzte alles daran, herauszufinden, wer hinter den vielen Kommentaren steckte.

Und tatsächlich war sie schließlich erfolgreich. Sie hörte nämlich ganz zufällig, wie Jan, der auch in Varas Klasse ging, in der Pause darüber redete, welche Kommentare er unter das Bild geschrieben hatte. „Hauptsache, sie haut bald wieder ab. Dann blockiert ihr Vater keinen Job, der meinem Vater zusteht."

Frau Hansen wurde direkt einiges klarer. Sie hatte bereits von Jans Eltern gehört, dass diese momentan in finanziellen Nöten waren, weil sein Vater keinen Job finden konnte. An der letzten Klassenreise konnte er aus diesem Grund nur mit Unterstützung des Schulfördervereines teilnehmen. „Und du bist so sauer auf Vara, weil du der Meinung bist, dass deinem Vater die Stelle zusteht, die ihr Vater hat?" Erschrocken und ertappt drehte Jan sich um. Nun war er es, der sich peinlich berührt fühlte. Natürlich hatte er nicht gewollt, dass jemand außer seiner Freunde hörte, was er dachte und was er geschrieben hatte. „Mein Vater hätte schon längst Arbeit, wenn Vara weg wäre.", ging er in die Offensive und funkelte Frau Hanken wütend an.

WEIL ICH EIN MÄDCHEN BIN

Die ganze Sache hatte ein Nachspiel. Auch wenn Frau Hanken nachvollziehen konnte, dass Jan frustriert und auch verängstigt war, weil seine Eltern Nöte hatten, konnte sie Rassismus und Mobbing keineswegs dulden. Gemeinsam mit Jans Eltern erklärten sie ihm noch einmal, dass Varas Vater ihm keineswegs eine Stelle wegnahm. „Ich arbeite schon sehr lange hier", sagte Jans Vater. „Ich bin nicht so gut qualifiziert wie er und deshalb muss ich weitersuchen. Weißt du, selbst wenn er nicht da wäre, würde jemand anderes die Stelle besetzen. Mir fehlen die Fachkenntnisse, um Häuser zu bauen. Ich könnte eben nur die Maurerarbeiten übernehmen."

Um alle Kinder und Jugendlichen noch einmal klarzumachen, wie gefährlich Mobbing sein kann und wie sehr die Opfer leiden, organisierte Frau Hanken einen Antimobbingtrainer. Natürlich hört durch so etwas Mobbing nicht einfach auf. Traurigerweise wird es das immer geben. Aber die Hoffnung besteht, dass doch der ein oder andere nachdenkt, bevor er mit in eine Gruppe mobbender Kinder einsteigt.

Vara: „Vielleicht hast du dir in der Zwischenzeit ein Video von der Jesusechse angesehen. Ich bin ehrlich: Ich an deiner Stelle hätte es schon getan. Und möglicherweise hast du darüber gelacht, wie merkwürdig diese Echse aussieht, wenn sie übers Wasser läuft. Vielleicht hast du auch schon ein kurzes Video geteilt mit einem witzigen Spruch dazu. Das ist auch okay. Ich gebe zu, dass ich es auch getan habe, als ich sie das erste Mal gesehen habe. Und die Jesusechse leidet schließlich nicht darunter, dass du im Internet etwas über sie schreibst oder über sie lachst.

Aber wann immer du das Smartphone in die Hand nimmst und etwas über einen Menschen schreibst — völlig egal, wie anders oder außergewöhnlich er ist — sei dir bewusst darüber, dass du ihn jedes Mal ein Stückchen mehr verletzt. Und selbst, wenn du es witzig meinst, schneidest du eine Wunde in seine Seele, die vielleicht irgendwann einmal verblasst — aber niemals verheilt. Glaube mir, ich weiß, wovon ich rede. Und weil mir immer wieder Menschen begegnen werden, die mir nicht guttun und die mich verletzen werden, habe ich eine andere Lösung suchen müssen. Eine Lösung von meiner Mutter, die ich auch dir ans Herz legen möchte. **Vertraue dir selbst und all denen, die dich lieben!**

WEIL ICH EIN MÄDCHEN BIN

Denn, wann immer du es nicht alleine schaffst, dich nach Worten, die dich verletzen, wiederaufzubauen, solltest du deine Eltern oder deine Freunde an deiner Seite haben, die es für dich tun."

LIDIA LINS

Sei Träumer UND Realist!

Träumer oder Realist?

Träume, Wünsche und wirklich gute Freunde!

*H*anna: „*Hast du schon einmal ein riesiges Wunder erlebt? Ich meine so etwas, was dich fast nach hintenüberkippen ließ, weil du dachtest, das wäre einfach völlig unmöglich? Nicht? Nun gut, dann sind wir ja schon zu zweit. Ich habe auch bisher noch nie ein solches Wunder erlebt. Klar, manchmal dachte ich: ‚Wow, dass das passiert hätte ich wirklich nicht gedacht.' Aber das habe gedacht, als meine Mutter einmal Tickets für einen Urlaub in Amerika gewonnen hat.*

WEIL ICH EIN MÄDCHEN BIN

Oder als ich eine Eins in einer Kunstaufgabe bekommen habe, obwohl Kunst mir nicht besonders liegt. Aber dass plötzlich meine Oma, die eigentlich sehr krank ist, plötzlich gesund wird oder dass wir plötzlich so viel Geld haben, dass meine Eltern nicht mehr arbeiten müssen und wir ganz viel Zeit gemeinsam verbringen können, das ist nicht passiert. Aber ich weiß auch, dass das gar nicht nötig ist."

„Es muss einfach endlich passieren!" Das ist der Satz, den Hanna ganz besonders oft zu ihren Freundinnen gesagt hat. Gespannt haben Vara, Meike, Lara, Elli und Frederike dann auf das nächste Wunder gewartet, was Hanna so sehnlich erwartete. Mal wünschte sie sich ein Pferd, obwohl ihre Eltern ihr mehr als einmal versichert hatten, dass sie in der Stadt kein Pferd kaufen könnten.

„Es kann hier zum einen gar nicht stehen, außerdem haben wir kein Geld für das viele Futter und die Ställe. Du hast keine Zeit, dich neben der Schule um das Pferd zu kümmern und stell dir einmal vor, es würde krank werden oder sogar sterben.

Ich möchte mir gar nicht vorstellen, wie schlecht es dir dann ginge." Alles Gründe, die ziemlich viel Sinn ergeben, das fanden Hannas Freundinnen auch. Aber dennoch konnte Hanna einfach nicht aufhören, von diesem kleinen Wunder zu träumen.

Ein anderes Mal wünschte Hanna sich, dass sie in Amerika leben und eine berühmte Schauspielerin sein würde. In dieser Zeit übte sie so viele unterschiedliche Charaktere ein, wie sie konnte. Sie zeigte sich manches Mal extrem streng, ein anderes Mal besonders lustig oder völlig naiv. „Wenn ich erst einmal berühmt bin, dann werde ich mit den größten Schauspielern unterwegs sein und jeder wird meinen Namen kennen."

Manchmal entlockten Hannas Träume ihren Freundinnen ein kleines Lächeln, manchmal sorgten sie sich um sie. Sie wussten ja ganz genau, dass sich die meisten Träume ihrer Freundin nicht erfüllen würden. „Was, wenn sie irgendwann nur noch traurig ist, weil sie zu viele Wünsche hat, die sich einfach nicht erfüllen?", fragte Frederike Vara bereits einmal, als Hanna wieder

WEIL ICH EIN MÄDCHEN BIN

einen ganz besonders großen Wunsch hatte. „Hanna ist einfach nicht mehr realistisch. Wenn sie sich nicht langsam auch mal Sachen wünscht, die sie wirklich schaffen oder bekommen kann, dann wird sie doch sicher unglücklich." Und an diesem Tag heckten die fünf Freundinnen einen Plan aus, um Hanna zu zeigen, dass es auch Träume gibt, die sich erfüllen lassen.

„Was wünschst du dir zum Geburtstag?", fragte Meike Hanna direkt am darauffolgenden Tag. „Ich würde mich über ein eigenes Schwimmbad in meinem Garten freuen. Aber wenn ihr es nicht schafft, mir das zu besorgen, dann müsst ihr euch wohl oder übel etwas Eigenes ausdenken", sagte sie lachend. Sie sah nicht, dass Meike lächelte, während sie sich umdrehte. Denn eine Antwort in genau dieser Art hatte sie sich erhofft. Einige Tage später war es endlich so weit. Hannas dreizehnter Geburtstag stand an. Morgens vor der Schule ging es bereits los. Denn als sie aufstand, hatte sie bereits den Geruch ihrer Lieblingskekse in der Nase. Die backte ihre Mutter ihr nämlich jedes Mal schon am Geburtstagsmorgen.

Aufgeregt sprang Hanna die Treppe hinunter, rannte zum Backofen und schnappte sich – auch wie jedes Mal – einen heißen und halbrohen Keks direkt aus dem Ofen. Lachend stand Mama hinter ihr und fragte: „Ob das wohl irgendwann einmal aufhört?" „Nun ja", antwortete Hanna mit vollem Mund. „Wenn ich einmal eine Prinzessin bin, dann lasse ich mir die Kekse direkt in den Mund bringen!".

Und damit nahm sie ihre Mama fest in die Arme. Nach dem Frühstück wurde Hanna zu ihrem Tisch mit Geschenken geführt. Ihre Eltern hatten schon immer darauf geachtet, Hanna beizubringen, dass es im Leben nicht um besonders große, viele oder teure Geschenke geht, sondern darum, dass der Schenker sich etwas dabei gedacht hat. Und wie jedes Jahr sprudelte Hanna schier über vor Glück, als sie ihren Geburtstagstisch sah. „Du hast dieses Jahr so lange davon geträumt, Schauspielerin zu sein, da konnten wir uns es einfach nicht nehmen lassen!", lachte Hannas Mama.

WEIL ICH EIN MÄDCHEN BIN

Auf dem Geburtstagstisch lagen ganz verschiedene Verkleidungsutensilien. Von einer kleinen Handtasche, über ein Krönchen, eine witzige Sonnenbrille, bis hin zu einem anmutig wirkenden Kleid war alles dabei. Hanna lachte herzhaft. Das war ein Geschenk nach ihrem Geschmack. Den Gutschein, der ebenso auf dem Tisch lag, hatte sie fast übersehen, aber als ihr Papa sie darauf aufmerksam machte, fiel ihr die Kinnlade hinunter. Sie hatte die Chance, eine Theaterstunde bei einem wichtigen Schauspiellehrer aus der Stadt zu bekommen. Sie wusste, dass so eine Stunde ziemlich teuer ist und umso größer war ihre Freude, dass sie einen Tag lang in die tatsächliche Welt der Schauspielerei eintauchen durfte.

In der Schule folgte das übliche Ritual. Alle Kinder sangen Hanna gemeinsam ein Geburtstagslied und anschließend durfte sie etwas aus der Geburtstagsbox ziehen. Weil die Schüler der achten Klasse sich natürlich zu alt fühlten für Süßigkeiten und Ähnliches, steckten in der Box verschiedene Gutscheine – zum Beispiel einen Tag Hausaufgabenfrei. Hanna machte erwartungsvoll ihren Zettel auf und las ihn anschließend laut vor: „Ich darf einen Tag ausschlafen und zur zweiten Stunde kommen." Fröhlich stieß sie ihre Faust in die Luft. „Ich denke, das ist der Jackpot!"

Am Nachmittag kamen dann endlich Hannas Freundinnen zu ihr nach Hause. Sie konnte es kaum erwarten, die Mädchen zu sehen. Sie freute sich schon die ganze Zeit, mit ihnen die Kekse zu essen und eine heiße Schokolade zu trinken. Außerdem hatte sie ihnen noch überhaupt nicht erzählt, was sie geschenkt bekommen hatte.

Und so stand sie nachmittags an der Tür und empfing ihre Freundinnen in einer schrillen Kombination der Kleidungsstücke, die sie geschenkt bekommen hatte. Meike musste grinsen. „Guten Tag, meine Dame. Ihre treuen Diener sind da. Was können wir Ihnen Gutes tun?" Hanna stieg direkt in ihre Rolle ein und bat: „Küssen Sie mir die Füße!" Lachend gingen die Mädchen ins Haus. „Und? Habt ihr mir mein Schwimmbad mitgebracht?" Mit einem erwartungsvollen Blick sah Hanna die anderen Mädchen an. Diese zogen ein Kästchen hervor.

WEIL ICH EIN MÄDCHEN BIN

„Wir hoffen, du bist damit auch zufrieden.", sagten sie schüchtern. Sie hatten ein wenig Angst, dass Hanna sie vielleicht missverstehen und denken würde, dass die anderen sie kritisieren möchten.

„KISTE DER KLEINIGKEITEN", stand auf dem Kästchen, was Hanna nun öffnete. Und in ihm verstaut, waren viele, viele Briefumschläge. Ganz obenauf lag ein einzelner Zettel. „Liebe Hanna", stand darauf. „Uns ist aufgefallen, dass du immer viele große Träume träumst. Das finden wir zwar richtig gut, aber wir machen uns ein bisschen Sorgen um dich." Hanna runzelte verwundert die Stirn. „Sorgen?", wendete sie sich an ihre Freundinnen. „Lies weiter", drängt sie Vara jedoch.

„Du weißt ja, dass große Wunder nur ganz, ganz selten passieren. Und wir haben Angst, dass du irgendwann nicht mehr so fröhlich bist wie jetzt. Weil einfach keiner von deinen großen Träumen sich erfüllt. Deshalb haben wir dir eine Kiste der Kleinigkeiten zusammengestellt.

47

Auf den Briefumschlägen stehen ganz unterschiedliche Situationen, wann sie geöffnet werden sollen. Und immer, wenn du eine der entsprechenden Situation hast, soll dich eine dieser Kleinigkeiten glücklich machen."

Hanna schaute die Umschläge durch. Auf einem stand zum Beispiel: „Wenn du mal wieder abtauchen musst." Sie schüttelte den Umschlag und das Rasseln verriet ihr, dass sich sicherlich Badeperlen darin verbergen würden. Ein anderer Umschlag hieß: „Wenn du einen ‚bad hair day' hast." Hanna musste lachen, denn ihre Haare saßen tatsächlich relativ oft sehr schlecht. „Dann findest du unser Geschenk nicht doof?", fragte Vara, immer noch ein wenig beunruhigt. „Also ist es dir nicht zu wenig?" „Ihr versteht es immer noch nicht oder?", lachte Hanna. „Es macht mich nicht traurig, wenn sich meine Träume und Wünsche nicht erfüllen. Ich freue mich über jeden einzelnen Traum, solange wie ich ihn träume. Denn IN MEINEM Traum hat sich mein Wunsch doch schon erfüllt. Ich weiß, dass das alles nur Fantasien sind, aber ich liebe die Vorstellung davon, wie ich als Schauspielerin wäre oder wie es wäre, ein Pferd zu haben. Aber…"

Und damit hielt sie das Kästchen hoch: „Die wahren Freuden sind solche Dinge. Ich weiß nicht, ob ihr das wisst, aber ich mache von jeder ersten Blume, die ich im Jahr sehe ein Foto und klebe es in ein Album ein. Ich liebe es, wenn ich sehe, wie die Vögel plötzlich brüten! Das wichtigste an meinem Geburtstag sind die Kekse, die Mama mir morgens backt. Weil sie es an einfach jedem Geburtstag von mir gemacht hat. Ohne das Geburtstagslied in der Schule käme ich mir völlig doof vor!" Hanna strahlt ihre Freundinnen an.

„Und jetzt habt ihr mir etwas geschenkt, worüber ich mich jedes Mal wieder freuen werde, wenn ich einen der Umschläge öffnen werde. Ihr habt mir nicht nur heute eine riesige Freude gemacht, sondern sie wird mich bei jedem Öffnen begleiten!" Hanna springt den Mädchen in die Arme. „Das ist eines der allerbesten Geschenke, die ich je bekommen habe. Und den Umschlag „Wenn ich nervös bin", werde ich mitnehmen in meine

Schauspielstunde, die ich von meinen Eltern geschenkt bekommen habe. Denn das wird schließlich der Tag sein, der mein Leben verändern wird, weil der Lehrer mich als Naturtalent entdecken und nach Amerika bringen wird." Lachend und Arm in Arm gehen die Mädchen gemeinsam zum Esszimmer, um die frisch gebackenen Kekse zu verdrücken.

Hanna: „Du hast sicher den Unterschied darin bemerkt, ein Träumer oder ein Realist zu sein. Ein Träumer denkt über alles nach, was passieren KÖNNTE. Er stellt sich alle möglichen Dinge vor. Ein Realist lebt voll und ganz in dem, was wirklich passiert. Ich habe gelernt, was der richtige Weg ist, um glücklich zu werden. Und diesen Tipp gebe ich auch dir. **Sei Träumer UND Realist!** *Das klingt zuerst sicher ein bisschen verwirrend, ist aber völlig logisch. Schaue auf das, was um dich herum passiert. Genieße die kleinen Dinge im Leben, die dich glücklich machen. Das kann die erste Blume im Jahr sein, der Duft des frisch gemähten Rasens. Das kann ein tolles Spiel mit deinen Eltern oder Freunden sein. Natürlich auch ein köstliches Mittagessen, was du vielleicht sogar selber gekocht hast.*

WEIL ICH EIN MÄDCHEN BIN

Wenn du immer ausschließlich auf die großen Wunder wartest, dann wirst du nicht glücklich, denn sie passieren einfach viel zu selten. Aber bei allen kleinen Freuden, die du wahrnimmst, vergiss auch nie zu träumen. Es gibt wenige Dinge, die schöner sind, als die Vorstellung davon, welche Wunder geschehen könnten. Träume von allem, worüber du dich freuen würdest und sammle Kraft dabei.

Und wenn du dann wieder aufwachst aus deinem Tagtraum, dann lasse deinen Blick auf die wunderschöne, wärmende Sonne fallen, auf eine besonders bunte Blume oder einen Vogel, der völlig frei am Himmel fliegt und freue dich darüber, dort zu sein, wo du jetzt bist".

LIDIA LINS

Setze Prioritäten!

Muss es denn erst knallen?

Streit, Zeitmangel und ein überraschendes Ende

*M**eike:** „Hast du dich schon einmal so richtig schwach gefühlt? Ich kenne die Situation sehr gut. Für fast alle Außenstehenden war ich stark wie eine Löwin, aber in mir drin war ich schwach wie ein Mäuschen. Und ich habe mich deswegen richtig schlecht gefühlt. Ich dachte, ich würde versagen und alle um mich herum enttäuschen. Und ich habe tatsächlich einige Menschen um mich herum enttäuscht. Das war eine harte Zeit, aber ich bin dankbar, dass ich lernen durfte, was genau das Wort ‚Verzeihung' bedeutet."*

WEIL ICH EIN MÄDCHEN BIN

Meike: „Man, ich habe doch schon gesagt, dass es mir leidtut! Was willst du denn bitte noch von mir hören?" Das war der große Knall, den Meikes Mutter unweigerlich mit anhören musste als Meike mit einer ihrer Freundinnen lautstark diskutierte.

„Meine Güte noch einmal. Merkst du denn gar nicht, was du hier alles kaputtmachst?", schrie Hanna zurück. „Ich bin die Einzige, die gekommen ist, um die Situation zu klären. Meinst du nicht, dass du dir darüber vielleicht einmal Gedanken machen solltest? Die anderen Mädchen sind NICHT HIER!" Danach hörte Meikes Mutter nur noch das Poltern der Treppe und das Schlagen der Haustür, als Hanna wutschnaubend ihr Haus verließ. Meikes Mutter gönnte ihrer Tochter einige Minuten, bevor sie vorsichtig die Treppe hinaufging, leise an Meikes Tür klopfte und auf eine Antwort wartete.

„Meike?", fragte sie und steckte den Kopf in die Tür. Diese antwortete zwar mit einem leisen „Hm?", hob ihren Kopf allerdings nicht aus dem Chemieprojekt, an welchem sie gerade herumbastelte. „Meike?", fragte ihre Mutter noch einmal. Sie wollte, dass Meike sie ansah, denn das war ihr schon immer wichtig gewesen und Meike wusste das ganz genau. Meikes Gesicht schoss zu ihrer Mutter herum: „Man, was willst du von mir? Ich arbeite gerade!", fragte sie mit einem zornigen Unterton.

„Nun ja, ich dachte eigentlich, du könntest eher etwas von mir wollen. Meinen Rat zum Beispiel. Denn, wenn man sich so sehr mit seinen Freundinnen streitet, wie es gerade bei dir der Fall ist, möchte man meistens nicht ganz alleine sein." Aber Meike schüttelte lediglich den Kopf. „Wenn ich deinen Rat möchte, dann frage ich danach. Und jetzt mache die Tür zu, wenn du gehst. Ich muss arbeiten."

Von außen lehnte sich Meikes Mutter gegen die Tür. Seit einiger Zeit war sie verzweifelt. Meike hatte sich so sehr verändert. Sie war immer ein so liebes, hilfsbereites Mädchen gewesen, höflich und beliebt. Aber seit einigen Monaten war die Situation plötzlich ganz anders.

WEIL ICH EIN MÄDCHEN BIN

Meike war ständig gereizt, gab schnippische Antworten, machte ihrer Mutter deutlich, dass sie ihre Hilfe nicht wolle und verkroch sich immer mehr in ihrem Zimmer.

Zuerst dachte sie, dass sei die Pubertät, die Meike jetzt mit vierzehn Jahren eingeholt hätte. „Die Kinder stellen sich dann fast immer gegen ihre Eltern", das hatten ihre Freundinnen ihr immer wieder versichert. Aber nun musste sie feststellen, dass Meike offensichtlich nicht nur ein Problem mit ihren Eltern hatte, sondern dass auch mit ihren Freundinnen etwas gründlich schieflief.

Am nächsten Morgen in der Schule ging Meike wie immer in letzter Zeit, ganz allein rein. Sie setzte sich auf ihren Platz neben ihren Freundinnen, ohne diese zu grüßen oder etwas zu sagen. Meike hatte das Gefühl, dass sich die sechs im Moment einfach nichts zu sagen hätten. ‚Die kriegen sich schon wieder ein', das sagte sie sich immer wieder. Dass sie selber jedoch Fehler machte und was der Grund hierfür sein könnte, das hinterfragte sie gar nicht erst. Dass sie aber tatsächlich aus einem ganz bestimmten Grund ihre Freundinnen und Eltern schlecht behandelte, wurde ihr erst klar, als es fast zu spät war.

„Hast du das Projekt fertig?", fragte Mirko aus der hinteren Reihe. Sie war durch ein Losverfahren dazugekommen, mit ihm zusammenzuarbeiten. Und alle wussten, dass er eher ein mittelmäßiger Schüler in Chemie war. Er stand auf einer schlechten drei und bei ihm kam es darauf an, dass das Projekt richtig gut werden würde. Und deshalb hatten beide geplant, ihren Vortrag mit einem kleinen Bauwerk zu vervollständigen. Allerdings hatte Meike in letzter Zeit so viel zu tun gehabt, dass sie ihren Teil des Projektes erst gestern fertig machen konnte.

Bis zwei Uhr morgens hatte sie daran gesessen, weshalb ihre Kopfschmerzen heute auch ziemlich stark waren. Sie hob den Daumen und sagte: „Wird gut laufen nachher". Und damit drehte sie sich wieder zum Lehrerpult um.

WEIL ICH EIN MÄDCHEN BIN

Während des Matheunterrichts fielen ihr fast die Augen zu, so müde war sie. „Meike", ermahnte sie der Lehrer leise bei einer Stillarbeit: „Du bist schon wieder völlig unausgeschlafen. Du solltest unbedingt früher ins Bett gehen, bevor du beim nächsten Mal in meinem Unterricht einschläfst."

Das Chemieprojekt war nicht das Einzige, was Meike in letzter Zeit Sorgen gemacht hatte. Ihre Tante würde in den nächsten Ferien anreisen. Sie wohnte in Spanien und hatte bei ihrem Besuch im letzten Jahr gewitzelt: „Wenn ich euch das nächste Mal besuche und du kannst dich immer noch so schlecht mit mir unterhalten, dann muss ich dich in den Koffer packen und mitschleppen, damit du schneller spanisch lernst."

Dieser anfängliche Spaß war jedoch für Meike ein riesiger Druck geworden. Denn bei jedem Telefonat, welches sie und ihre Tante führten, wies diese sie darauf hin. Und so lernte sie immer, wenn sie Zeit dafür hatte, Spanisch.

Eigentlich fand sie das ja völlig überflüssig, denn Spanisch würde sie wahrscheinlich niemals brauchen. Wenn sie ihre Tante besuchen würde, würde ihr Englisch völlig reichen. Aber keinesfalls wollte sie ihre Tante enttäuschen.

Dann waren da natürlich noch die Zwischenprüfungen. An Meikes Schule wurden alle drei Jahre Zwischenprüfungen geschrieben, um die Kinder und Jugendlichen auf die tatsächlichen Prüfungen vorzubereiten. „Es soll euch dabei helfen, zu sehen, wo ihr gerade steht. Außerdem seid ihr dann geübter in Prüfungssituationen und seid hoffentlich nicht so aufgeregt, wenn es irgendwann wirklich so weit ist", betonte die Direktorin Frau Hanken immer wieder. Das fand Meike eigentlich ja ganz gut. Und eigentlich fiel der Unterrichtsstoff ihr ja auch immer ziemlich leicht, aber sie wusste ganz genau, dass es keiner verstehen würde, wenn gerade sie versagte. Wenn sie nicht mindestens einen Durchschnitt von 1,3 in den Prüfungen schaffen würde, dann wären alle enttäuscht. Das waren ihre Gedanken und deshalb hatte sie das Gefühl, so viel üben zu müssen, wie es geht.

WEIL ICH EIN MÄDCHEN BIN

Und so ging es weiter und weiter und weiter. Meikes Fußballmannschaft zählte natürlich bei jedem einzelnen Turnier und den Trainingseinheiten auf sie, denn sie war mit Abstand die beste Stürmerin. Mehrere Mitschüler brauchten sie, weil sie diesen Nachhilfe gab und die ältere Frau Weidenreich brauchte Meike auch. Denn sie konnte nur noch schlecht sehen, weshalb Meike schon seit einigen Jahren ihren Hund „Fluffy" ausführte. Meike wusste gar nicht mehr, wo sie ihre ganzen Termine und das viele Üben unterbringen sollte. Und dann kam es wie heute, dass ihr im Matheunterricht beinahe die Augen zufielen.

„Du hast überhaupt keine Zeit mehr für uns!", das war der Satz, den Meike von ihren Freundinnen in jüngster Zeit immer wieder hören musste. Und ihre Eltern fragten immer wieder: „Wann wollen wir denn endlich mal wieder etwas zusammen unternehmen?" Und anfangs hatte Meike dann immer noch versucht, Zeit zu finden, um es ihren Freundinnen und Eltern auch noch recht zu machen. Aber dann begann sie, einzelne Termine abzusagen.

Sie gab ihren Freundinnen immer öfter nur knappe Antworten und sonderte sich von allen mehr und mehr ab. Natürlich spürten ihre Freundinnen und Eltern, dass Meike überfordert war. Aber ihre Eltern schoben es, wie schon erwähnt, eher auf die Pubertät und ihre Freundinnen wussten irgendwann einfach nicht mehr weiter. Als diese dann anfingen, Meike gar nicht mehr zu fragen, ob sie Dinge gemeinsam unternehmen wollen, ging Meike in die Offensive. Das Problematische an Überforderungen ist nämlich, dass man sie meistens selber gar nicht spürt und eher das Gefühl hat, die anderen würden sich gegen einen stellen.

„Meint ihr nicht, ihr könntet mich auch fragen, ob ich mitkommen will?", fragte sie wütend, als sie nachmittags sah, dass die Mädchen am See lagen und sich sonnten. „Du hättest doch eh ne Ausrede gehabt!", antwortete Vara, ohne die Augen zu öffnen. Und das war der Moment, an dem Meike das erste Mal um ein Gespräch bat. Sie wollte ihre Freundinnen nämlich tatsächlich nicht verlieren. Als sie dieses Klärungsgespräch jedoch dann mehrmals absagte, weil ihr etwas anderes dazwischenkam, kam es zu dem Streit zwischen ihr und Hanna, welche schließlich gestern direkt zu ihr nach Hause und in das Chemieprojekt hereingeplatzt war.

„Weißt du Meike.", sagte Vara leise zu ihr, als ihr Mathelehrer sie zurechtgewiesen hatte. „Wir sind deine Freundinnen und wir warten auf dich, solange wie es dauert, bis du dich wieder eingekriegt hast. Aber denkst du nicht, dass es der bessere Weg wäre, endlich mal zu schauen, was dir wirklich wichtig ist und was du vernachlässigen könntest?" Und damit hatte Vara den Damm gebrochen, denn Meike so lange versucht hatte, aufrecht zu erhalten. Mitten im Matheunterricht brach sie zusammen und sagte nur immer und immer wieder: „Ich kann nicht mehr! Ich kann einfach nicht mehr!"

Rückblickend hatte Vara natürlich nicht mit dieser extremen Reaktion gerechnet und doch war es das Beste, was passieren konnte. Denn endlich hatte Meike die Möglichkeit, allen zu gestehen, wie überfordert sie war. Sie gestand, dass sie überhaupt kein Spanisch lernen wollte und dass sie Angst hatte, alle zu enttäuschen, wenn sie nicht sehr gut in den Zwischenprüfungen abschnitt. Sie konnte einige ihrer Nachhilfestunden zusammenlegen und ihre Mutter übernahm glücklich die Runde mit Fluffy, dem Nachbarshund. Meike konnte endlich wieder rechtzeitig schlafen und sie hatte wieder Zeit, mit ihren Eltern und ihren Freundinnen Dinge zu tun, die ihnen Spaß machten.

Meike hat einen großen Knall gebraucht und anschließend einige tröstende Worte, um wieder zu sich zu kommen. Das ist zwar eine Möglichkeit, aber mal ehrlich: Viel schöner ist es doch, wenn es gar nicht erst dazu kommt, nicht wahr?

Meike: „In meiner puren Überforderung habe ich den größten Fehler gemacht, der passieren konnte. Ich habe Angst gehabt, dass ich Menschen enttäuschen könnte und versehentlich genau die enttäuscht, die ich am liebsten habe. Es gibt einen Arzt, der auch viel im Fernsehen zu sehen ist. Der heißt: Dr. Eckart von Hirschhausen. Und der hat einmal etwas gesagt, was ich selbst in diesem Moment gelernt habe. Er sagte, dass viele Menschen dazu neigen, in Stresssituationen genau die zu vernachlässigen, die sie am

WEIL ICH EIN MÄDCHEN BIN

liebsten hätten. Denn bei diesen wüsste man, dass sie es verzeihen. Alle anderen, bei denen wir uns nicht sicher sein würden, würden wir nicht gerne vernachlässigen.

Er weist aber auch darauf hin, dass die Prioritäten da falsch sind. Denn es käme ja nicht darauf an, alle glücklich zu machen, sondern nur uns selbst und die, die uns wirklich wichtig sind. Und genau das musste ich lernen. Ich hätte fast meine besten Freundinnen verloren. Und meine Eltern haben sich so sehr um mich gesorgt. Und das nur, weil ich dachte, ich könnte alle glücklich machen. Und als ich das nicht geschafft habe, habe ich meinen Druck bei denen abgelassen, denen ich am meisten vertraue – und damit fast alles kaputtgemacht. Und deshalb möchte ich dir ans Herz legen: Pass gut auf dich auf und lerne deine Grenzen kennen! Wenn es dir zu viel wird: **Setze Prioritäten!** *Vernachlässige das Unwichtige und kümmere dich nur um Wichtiges. Und zwar so lange, bis du wieder genug Kraft hast, um mehr zu schaffen!"*

LIDIA LINS

Sei kein Angstkläffer!

Angstkläffer?

Angst, Einsicht und Veränderungen

L ara: „Hast du schon einmal etwas über die sogenann-
ten ‚Angstkläffer' gehört? Ich habe vor einiger Zeit einmal etwas gesehen, was mich zutiefst erstaunt hat. Als
ich auf dem Weg nach Hause war standen sich ein Chihuahua
und ein Bernhardiner gegenüber. Beide hatten sich bedrohlich ge-
duckt, ich habe sofort erkannt, dass der Kleine gegen den Großen
überhaupt keine Chance haben würde.

Ich weiß noch genau, dass ich dachte: ‚Lauf lieber weg. Ein
Happs und der große schluckt dich in einem Stück herunter.'

WEIL ICH EIN MÄDCHEN BIN

Aber dann geschah etwas ganz Erstaunliches. Dieser kleine Hund bleckte seine Zähne und begann ganz plötzlich, laut zu bellen. Dabei kam er dem großen immer näher.

Und der Bernhardiner? Der zog den Schwanz ein und ging rückwärts. Schließlich rannte er davon. Anschließend zitterte der Chihuahua am ganzen Körper. ‚Was für ein Angstkläffer‘, hatte mein Vater lachend gesagt, der mit mir gemeinsam im Park unterwegs gewesen war. Aber was das wirklich bedeutete, lernte ich erst später."

Lara war schon immer etwas verhaltener gewesen als die meisten Kinder in ihrem Alter. Sie konnte sich als Kleinkind fast unmöglich von ihrer Mama lösen, weil sie dachte, diese käme sie nicht mehr abholen. Sie fremdelte viel stärker als die meisten anderen Kinder. Sie fuhr erst sehr viel später Dreirad, weil sie Angst hatte, umzukippen. Ihr Seepferdchen machte sie erst mit acht, weil sie Panik bekam, mit dem Kopf unter Wasser zu sein. Und so war es in den allermeisten Bereichen. „Lara braucht immer etwas länger.

Sie ist eben mein kleiner Angsthase.", hatten ihre Eltern immer lachend gesagt, wenn sie sich wieder einmal irgendetwas nicht traute.

Als sie dann schließlich in die Grundschule kam, weinte sie fast jeden Tag. Sie hatte schreckliche Angst, dass sie keiner mögen würde. Zwar war sie ja schon mit den anderen Mädchen befreundet, aber dennoch machte ihr die neue Situation solche Angst, dass sie sogar dachte, sie könnte ihre Freundinnen verlieren. Laras Leben war von großen Ängsten aller Art geprägt. Bis zu dem einen Tag, an dem ein Lehrer ihr Leben veränderte. Als die Mädchen in der fünften Klasse waren, hatten sie gerade das Thema Gruppenzwang bearbeitet. Herr Brackelmann, ihr Sachkundelehrer, betonte in dieser Unterrichtseinheit folgendes immer wieder: „Gruppenzwang entsteht, wenn sich einzelne Personen einer größeren Gruppe anschließen, um dazuzugehören.

Wenn diese Gruppe zum Beispiel Kinder immer wieder ärgert, dann haben die Einzelpersonen Angst, dass sie der Nächste sein könnten.

WEIL ICH EIN MÄDCHEN BIN

Und aus dieser Angst heraus, ärgern die Einzelpersonen lieber mit." Das war zwar nur eines von vielen Beispielen, die man zum Thema Gruppenzwang nennen kann, aber dieses ließ Lara einfach nicht mehr los. „Ich bin doch eh so ein Angsthase", jammerte sie in den Pausen bei ihren Freundinnen. „Jetzt stellt euch einmal vor, irgendjemand setzt mich unter Druck.

Dann stehe ich da, mit meiner Angst und mache alles mit, was ich eigentlich nicht möchte, nur weil ich mich nicht traue, mich zu wehren." Hanna, die schon immer tough gewesen war, antwortete: „Das könnte mir nicht passieren. Wenn man mich unter Druck setzen würde, dann würde ich meinen Zauberstab schwingen und diese Person in ein Ferkel verwandeln." Und damit war das Thema für die Mädchen vergessen – für alle, bis auf Lara. Natürlich wusste sie den Witz ihrer träumerischen Freundin Hanna einzuschätzen. Aber sie war sich dennoch sicher, dass diese sich wirklich niemals unter Druck setzen lassen würde. Sie würde Mittel und Wege finden, um sich zu wehren und nichts machen zu müssen, was sie nicht selbst auch wollte.

Noch während, die Klasse das Thema „Gruppen-zwang" behandelte, geriet Lara dann wirklich in eine Situation, in der sie sich entscheiden musste, etwas zu tun, nur um ihrer Angst zu entkommen. Sie war gerade mit der Nachbarstochter Frieda unterwegs. Das war zwar nicht ihre Freundin, aber ihre Eltern hatten sie gebeten, sich an dem Nachmittag mit ihr zu beschäftigen. „Ihre Eltern sind so lange unterwegs und haben gefragt, ob wir einen Blick auf sie werfen könnten", hatte Laras Mutter erklärt. Und so verbrachten sie den Nachmittag gemeinsam.

„Lass uns Kaugummi kaufen gehen", hatte Frieda plötzlich vorgeschlagen. Aber als sie dann im Laden standen, musste Lara feststellen, dass Frieda eigentlich „klauen" meinte. Heimlich und blitzschnell steckte sie sich eines der bunten Kaugummis in ihre Tasche. „Was machst du denn da?", fragte Lara und ihre Augen wurden weit. Sie fand es vollkommen falsch, etwas zu klauen. „Jetzt du!", sagte Frieda völlig entspannt. Lara blieb der Mund offenstehen.

WEIL ICH EIN MÄDCHEN BIN

Aber als sie gerade „nein" sagen wollte, sagte Frieda: „Sonst erzähle ich deinen Eltern, du hättest es geklaut." Lara hatte solche Angst, dass sie das Kaugummi in ihrer Tasche verschwinden ließ. Natürlich sah die Verkäuferin ihr das schlechte Gewissen direkt an der Nasenspitze an. Und nicht nur sie hatte etwas bemerkt. Der Ladendetektiv hatte Lara beim Einstecken des Kaugummis beobachtet und hielt sie an der Kasse an.

Als Laras Eltern im Laden eintrafen, um bei der Aufklärung dabei zu sein, bat der Detektiv Lara, die Taschen zu leeren. Natürlich kamen sofort die Kaugummis zum Vorschein. Frieda schaute gespielt verblüfft und sagte: „Ich glaube es nicht. Ich habe nichts bemerkt. Ich hätte nicht gedacht, dass du klauen würdest." Laras Eltern waren stocksauer. Und Lara? Die hatte Angst.

So große Angst, dass sie sich nicht getraut hatte, etwas zu sagen. Natürlich bekam Lara das Verbot, den Laden zu betreten, aber zum Glück wurde die Polizei nicht geholt. „Ich weiß nicht, wie das kam", hatte ihr Vater ehrlich erklärt.

„Sie ist eher der ängstliche Typ. Sie hat sich noch nie etwas zuschulden kommen lassen." Und mit dieser Erklärung konnte er Lara herausboxen. Als Frieda abends wieder zuhause war, kam Laras Mutter natürlich zu einem Gespräch in ihr Zimmer. Erst da schaffte Lara es, die Situation zu erklären. „Ich hatte einfach solche Angst, dass Frieda was sagen würde, was gar nicht stimmt", sagte sie. Ihre Mutter verstand es dennoch nicht. „Aber wie kommst du auf die Idee, dass wir Frieda mehr glauben würden als dir?" Und jetzt, in dieser Situation, als plötzlich alles so einfach klang, ging Lara auf, dass sie sich darüber keine Gedanken gemacht hatte. Natürlich hätten ihre Eltern ihr mehr geglaubt als Frieda. Aber weil ihre Angst so groß war, war ihr das gar nicht in den Sinn gekommen. Und an diesem Abend fasste sie einen Entschluss. „Nie wieder Angst!", das war es, was sie dachte.

Und damit begann eine große Veränderung in Laras Leben. Natürlich konnte sie die Angst nicht einfach abstellen, das kann ja niemand. Aber sie konnte eines tun.

WEIL ICH EIN MÄDCHEN BIN

Wann immer sie merkte, dass eine Situation auf sie zukam, die sie beängstigten konnte, kam sie dem zuvor. Als Frieda in der Pause einmal direkt auf sie zukam, schaute Lara ihr unverwandt ins Gesicht. „Verschwinde. Oder ich erzähle allen, was du für eine Lügnerin bist!" Dass Frieda sich eigentlich bei ihr entschuldigen und ihr sagen wollte, dass sie ihren Eltern gestanden hatte, wie es wirklich gelaufen ist, erfuhr Lara deshalb natürlich nicht. Und das Zittern, was Lara den Rest des Tages begleitete, sah wiederum Frieda nicht. Und so begegnete Lara einer Situation nach der anderen. Sie wehrte alles ab, was sie möglicherweise beängstigen könnte. Dabei wurde sie generell ziemlich laut. Es machte für sie fast schon den Eindruck, dass sie sich wehrte, bevor überhaupt etwas Ernstes passieren konnte. Aber für die anderen schien es anders auszusehen. „Meine Güte, Lara ist aber plötzlich mutig geworden!", das war etwas, was sie nun öfter zu hören bekam. Aber Lara fühlte sich absolut nicht mutig – und das war sie auch nicht.

Sie ging ja jeder Situation, in der Mut erforderlich wäre, bereits vorher aus dem Weg. Immerzu zitterte sie innerlich, weil sie wusste, dass sie aufpassen müsste, wann sie in die nächste Situation kam, der sie aus dem Weg gehen könnte. Und da verstand sie, was ihr Vater gemeint hatte, als er im Park sagte, der Chihuahua sei ein Angstkläffer gewesen. Er hatte den großen Bernhardiner angekläfft, noch bevor dieser die Chance hatte, zu erkennen, dass der Kleine ihm weit unterlegen war.

Und nun war sie es, die zum Angstkläffer geworden war. Zum Glück hielt diese Zeit nur sehr kurz an, denn ihr war selbst bewusst, dass es kein Zustand war, immer verängstigt auf der Hut zu sein und die Menschen mit einem scheinbar mutigen und starken Gesicht zu begegnen, damit sie ihre Angst bloß nicht spüren würden.
Und deshalb wandte Lara sich an ihren Papa. „Alle meinen, ich wäre so mutig geworden", begann sie das Gespräch. Natürlich wusste er sofort, dass sie sich ganz anders fühlte. „Weißt du, Lara. Mutig sein, bedeutet nicht, alles abzuwehren, was auf dich zukommen könnte.

WEIL ICH EIN MÄDCHEN BIN

Es bedeutet zum einen, sich Situationen zu stellen, die erst einmal unüberwindbar scheinen. Das musst du allerdings nicht alleine tun. Denn mutig ist man auch gerade dann, wenn man sich traut, sich seine Angst einzugestehen und um Hilfe zu bitten. Wann immer du Angst hast, schnapp dir eine deiner Freundinnen oder Mama oder mich. Und mit uns an deiner Seite wirst du lernen, dass die Situationen meistens weniger beängstigend sind, als sie es zuerst scheinen.

Und dann, wenn du soweit bist, dann probierst du es alleine. Und genau DAS ist Mut!" Dankbar fiel Lara ihrem Papa in die Arme. Sie hatte damit gerechnet, dass er ihr sagen würde, dass sie dumm gehandelt hatte, aber das hatte er nicht. Er hatte sie verstanden und ihr einen Weg gezeigt, wie sie es in Zukunft besser machen kann. Sie hatte endlich verstanden, was Mut wirklich ist. Dass es wichtig ist, Dinge zu probieren – aber eben nur, wenn man ihnen auch wirklich gewachsen ist. Dass man sich Hilfe holen darf, wenn die Angst zu groß ist.

Und dass es besonders mutig ist, zuzugeben, dass man etwas nicht alleine schafft. Sehr viel mutiger, als wenn man alles alleine probiert und darunter leidet!

Lara: „Du erinnerst dich bestimmt an die beiden Hunde, von denen ich erzählt habe, nicht wahr? Der Bernhardiner, der vor dem winzigen Chihuahua davongelaufen war. Und mein Vater hatte den Kleinen ‚Angstkläffer‘ genannt. Ich selbst hatte mich im Laufe der Zeit zu einem ebensolchen Angstkläffer entwickelt. Ich verstand nun, dass es bedeutete, dass man selbst seine eigene Angst zu überspielen versucht, indem man nur laut genug ist, als dass jemand sie spüren würde. Man zeigt sich stark und mächtig, obwohl man der Situation eigentlich gar nicht gewachsen ist.

Und anstatt sich hinterher gut zu fühlen, wie es sein sollte, wenn man einen Erfolg hatte, ist man völlig erledigt, weil die Angst einfach zu groß gewesen ist. **Sei kein Angstkläffer!** *Denn auch, wenn du denkst, du bist mutig, wenn du beängstigende Situationen alleine löst, ist dies keineswegs der Fall. Es ist nicht nur schlauer und nervenschonender, sondern auch sehr viel mutiger, zuzugeben, dass man Angst hat. Und das musste ich erst einmal lernen. Heute bin ich stolz darauf, zu sagen, wenn ich Angst habe.*

WEIL ICH EIN MÄDCHEN BIN

Und ich bin glücklich, immer jemanden an meiner Seite zu haben, der mich durch die Angst hindurchführt. Und diesen Stolz und dieses Glück wünsche ich auch dir!"

LIDIA LINS

Lebe, liebe, lache – du bist wunderbar und Bärenstark!

Und – Schluss!

Du hast jetzt sechs ganz besondere Freundinnen kennengelernt. Sie hatten mit ganz unterschiedlichen Sachen zu kämpfen. Elli war der Meinung, dass man einfach alles schaffen konnte und hat sich so sehr reingehängt, auch auf die Realschule zu gehen, dass sie schließlich ihr Ziel erreicht hat. Natürlich ging das nur mit der Hilfe ihrer Eltern, die festgestellt hatten, dass sie eine Matheschwäche hatte.

Aber der Wille, ihr Ziel zu erreichen und die Mühe, die darin steckte, ging von ihr aus. Es ging um das

WEIL ICH EIN MÄDCHEN BIN

Selbstbewusstsein und das Gefühl, nicht so viel wert zu sein, was Frederike ertragen musste, als ihr Bruder, der „kleine Prinz" immer bevorzugt wurde. Sie war auf ihre Freundin angewiesen, die sich getraut hat, für sie einzustehen, als sie es nicht selbst konnte. Und jetzt ist sie in der Lage, zu zeigen, wer sie ist. Vara musste mit Rassismus und Mobbing kämpfen. Sie hatte gar nichts getan und wurde trotzdem immer schlechter behandelt als andere Kinder ihrer Schule.

Sie hat sich alleine da raus geholfen, indem sie ihre Mutter immer wieder angesprochen und um Hilfe gebeten hat. Hanna hat dir gezeigt, dass man niemals aufhören sollte, große Träume zu haben, weil diese einem einfach guttun. Gleichzeitig sollte man aber all die kleinen wunderbaren Dinge im Leben schätzen. Denn die sind es, die einem jeden Tag begegnen und einen so erst wirklich glücklich machen. Dann gab es noch Meike. Du erinnerst dich bestimmt, wie überfordert sie war.

Sie hatte das Gefühl, es allen recht machen zu müssen. Dabei vergaß sie, was sie eigentlich selbst wollte und verletzte ihre Familie und ihre besten Freundinnen. Erst kurz bevor es zu spät war, bekam sie die Kurve und änderte ihre Prioritäten. Und Lara hatte mit ihrer Angst zu kämpfen. Weil sie immer so große Angst hatte, musste sie einen Weg finden, wie sie damit umgeht. Sie hat schnell gemerkt, dass es nicht sinnvoll ist, allen Situationen sofort aus dem Weg zu gehen, die sie beängstigen. Dafür weiß sie endlich, dass sie Menschen um sich herum hat, auf die sie sich verlassen und mit denen sie Beängstigendes gemeinsam angehen kann.

Die Mädchen sind allesamt bärenstark. Und noch besser ist es natürlich, dass sie nicht alleine sind. Gemeinsam haben sie ihre eigenen Leitsprüche gefunden, die sie an dich weitergegeben haben. Schreib dir die Sprüche gerne noch einmal hübsch auf, rahme sie dir ein und hänge sie an deine Wand. Denn sie werden für dich eine Orientierung sein, wie du dir in schwierigen Situationen helfen kannst. Sie werden dir ein Stück zu deinem Glück helfen. Du bist ein wunderbares Mädchen! *Du bist großartig und ganz besonders wertvoll! Vergiss das niemals!*

WEIL ICH EIN MÄDCHEN BIN

Deine neuen Leitsprüche sind:

1. *Sei die Hummel!*
2. *Zeige dich! Nutz all deine Kräfte. Glaub an dich, du kannst alles sein!*
3. *Vertraue dir selbst und all denen, die dich lieben!*
4. Sei Träumer UND Realist!
5. Setze Prioritäten!
6. Sei kein Angstkläffer!

WICHTIG: Empfehle uns weiter, helfe all jenen Mädchen, die du kennst und die dir am Herzen liegen. Unsere Geschichten sind darauf abgestimmt, mit tollen Beispielen Stärke, Mut, Selbstvertrauen, Verständnis, Freude, Nächstenliebe und Freundschaft zu vermitteln. Wir haben es uns zum Ziel gemacht junge Menschen in ihrer Entwicklung zu unterstützen und für ein besseres Miteinander auf dieser Welt.

Deine

Lidia Lins und Co-Autoren Elli, Frederike, Vara, Hanna, Meike und Lara

bis bald...

Was dich auch interessieren könnte

Weil ich ein Mädchen bin
Jetzt erst recht! (Teil 2)

Weil ich ein Mädchen bin
Aller guten Dinge sind drei! (Teil 3)

Suche hierfür nach Lidia Lins auf Amazon

Einfach Lidia Lins in die Suchmaske eingeben

Autor: Lidia Lins

vertreten durch:

MAK DIRECT LLC

2880W OAKLAND PARK BLVD, SUITE 225C

OAKLAND PARK, FL 33311

FLORIDA

LinsVerlag

Badstrasse 14

71088 Holzgerlingen

Alle Bilder und Texte dieses Buchs sind urheberrechtlich geschützt.

Ohne explizite Erlaubnis des Herausgebers, Urhebers und Rechteinhabers

sind die Rechte vor Vervielfältigung und Nutzung dritter geschützt.

Urheberrecht

Alle Inhalte dieses Werkes sowie Informationen, Strategien und Tipps sind urheberrechtlich geschützt. Alle Rechte sind vorbehalten. Jeglicher Nachdruck oder jegliche Reproduktion – auch nur auszugsweise – in irgendeiner Form wie Fotokopie oder ähnlichen Verfahren, Einspeicherung, Verarbeitung, Vervielfältigung und Verbreitung mit Hilfe von elektronischen Systemen jeglicher Art (gesamt oder nur auszugsweise) ist ohne ausdrückliche schriftliche Genehmigung des Autors strengstens untersagt. Alle Übersetzungsrechte vorbehalten. Die Inhalte dürfen keinesfalls veröffentlicht werden. Bei Missachtung behält sich der Autor rechtliche Schritte vor.

Haftungsausschluss

Die Umsetzung aller enthaltenen Informationen, Anleitungen und Strategien dieses E-Books erfolgt auf eigenes Risiko. Für etwaige Schäden jeglicher Art kann der Autor aus keinem Rechtsgrund eine Haftung übernehmen. Für Schäden materieller oder ideeller Art, die durch die Nutzung oder Nichtnutzung der Informationen bzw. durch die Nutzung fehlerhafter und/oder unvollständiger Informationen verursacht wurden, sind Haftungsansprüche gegen den Autor grundsätzlich ausgeschlossen. Ausgeschlossen sind daher auch jegliche Rechts- und Schadensersatzansprüche. Dieses Werk wurde mit größter Sorgfalt nach bestem Wissen und Gewissen erarbeitet und niedergeschrieben. Für die Aktualität, Vollständigkeit und Qualität der Informationen übernimmt der Autor jedoch keinerlei Gewähr. Auch können Druckfehler und Falschinformationen nicht vollständig ausgeschlossen werden. Für fehlerhafte Angaben vom Autor kann keine juristische Verantwortung sowie Haftung in irgendeiner Form übernommen werden.

Printed in Germany
by Amazon Distribution
GmbH, Leipzig